Chouari Mariem
Mhamdi Marwa

La mise en oeuvre d'une solution d'automatisation et de supervision

Chouari Mariem
Mhamdi Marwa

La mise en oeuvre d'une solution d'automatisation et de supervision

La conception d'une solution permettant l'automatisation et la supervision du système de pliage

Éditions universitaires européennes

Impressum / Mentions légales
Bibliografische Information der Deutschen Nationalbibliothek: Die Deutsche
Nationalbibliothek verzeichnet diese Publikation in der Deutschen
Nationalbibliografie; detaillierte bibliografische Daten sind im Internet über
http://dnb.d-nb.de abrufbar.

Information bibliographique publiée par la Deutsche Nationalbibliothek: La
Deutsche Nationalbibliothek inscrit cette publication à la Deutsche
Nationalbibliografie; des données bibliographiques détaillées sont
disponibles sur internet à l'adresse http://dnb.d-nb.de.

Coverbild / Photo de couverture: www.ingimage.com

Verlag / Editeur:
Éditions universitaires européennes
ist ein Imprint der / est une marque déposée de
OmniScriptum GmbH & Co. KG
Heinrich-Böcking-Str. 6-8, 66121 Saarbrücken, Deutschland / Allemagne
Email: info@editions-ue.com

Herstellung: siehe letzte Seite /
Impression: voir la dernière page
ISBN: 978-3-8417-4830-0

Sommaire

Mariem-Marwa

Liste des figures

Mariem-Marwa

Liste des tableaux

Mariem-Marwa

Introduction Générale

L'amélioration de la productivité des systèmes de production passe impérativement par leurs automatisations. Ainsi, toutes les entreprises s'orientent actuellement vers l'automatisation de leurs activités pour mieux maîtriser leurs coûts de revient, pour disposer d'une meilleure réactivité, pour accroître la productivité et pour améliorer les conditions de travail.

Dans ce cadre, notre projet de fin d'études consiste à automatiser et superviser un système de pliage en 3 de la machine CCE de la société SANCELLA dans le but d'améliorer sa productivité, le rendre plus flexible et simple à diagnostiquer. Plus précisément, ce système utilise actuellement un automate de type S5 qui n'est plus recommandé dans nos jours vu l'indisponibilité de ses pièces de rechange, l'impossibilité d'extension et la difficulté de sa maintenance.

Ce rapport est organisé autour de trois chapitres. Le premier chapitre sera consacré à l'étude fonctionnelle du système concerné afin de dégager la problématique et le cahier des charges relatif à son automatisation.

Dans le deuxième chapitre nous considérons l'automatisation de ce système à base d'un automate programmable industriel. Pour atteindre un tel objectif, la modélisation fonctionnelle du système, moyennant les outils de modélisation Grafcet et Gemma sera tout d'abord entamée.

Mariem-Marwa

Ensuite, la programmation proprement dite de l'automate choisi sera développée. Vu les modifications qui seront affectées sur le système, des nouveaux schémas électriques seront établis.

Le troisième chapitre sera réservé à la supervision du système de pliage en 3. Le développement d'une interface graphique ainsi que ses différentes vues seront présentées. Enfin, l'intégralité du système de contrôle et de supervision réalisé sera validée.

Mariem-Marwa

Chapitre I
Etude du système de pliage en 3 et problématique

Mariem-Marwa

I. Introduction

Dans ce chapitre nous présentons tout d'abord l'analyse fonctionnelle du système de pliage en 3 de la machine CCE. Ensuite, une description de ses principaux constituants sera détaillée. Enfin, un cahier des charges relatif aux nouvelles conditions d'exploitation sera établi.

II. Analyse fonctionnelle

Le processus de fabrication de ce système comporte 3 étapes principales :

Pliage de la serviette ;

Recouvrement de produit par le « film individuel » ;

Soudure et coupe du film.

Afin de comprendre et de bien analyser notre système, nous avons utilisé la méthode SADT.

Elle permet de donner une représentation graphique décrivant une décomposition systémique. De même, elle mit en relief les flux d'entrée, les flux de sortie matière d'œuvre et les données de contrôle. La figure 1 donne le diagramme A-0 de ce système.

Mariem-Marwa

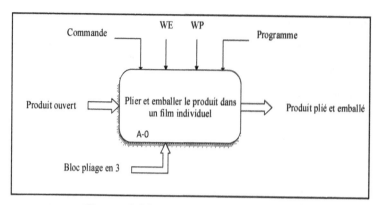

Figure 1:Diagramme de niveau A-0

Le niveau ci-dessus est le niveau le plus global. La description du système pliage en 3 serait alors un peu plus précise et permettrait de situer les différentes unités de ce système en utilisant l'organigramme A0 présenté ci-dessous.

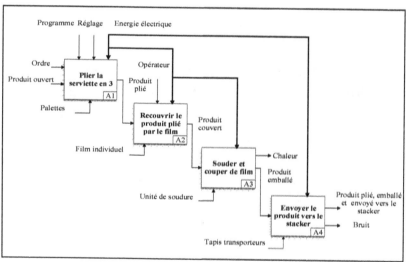

Figure 2: Organigramme A0

Mariem-Marwa

Pour avoir une bonne connaissance du système et pour pouvoir améliorer lasolution proposée, nous avons utilisé le diagramme FAST (Figure 3) qui
présente une traduction rigoureuse de chacune des fonctions de ce système.

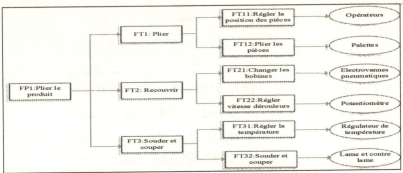

Figure 3:Diagramme FAST du système de pliage

III. Processus de fabrication

Le schéma synoptique suivant donne les différentes phases de fabrication de ce processus. Par la suite, on décrira avec plus des détails ce processus.

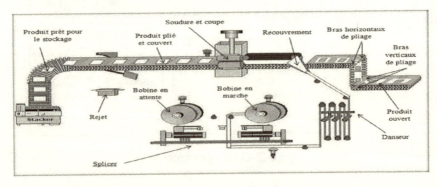

Figure 4:Schéma synoptique du système pliage en 3

Mariem-Marwa

1. Phase de Pliage

Le produit arrivant à ce module subit tout d'abord le premier pliage à l'aide de deux bras verticaux. Ensuite deux tapis roulants le renvoient vers deux autres bras horizontaux permettant le deuxième pliage.

1. Phase de recouvrement

En passant par cette phase, le produit ainsi plié subit un recouvrement par un plastique appelé « film individuel ».Cette phase est assurée par deux bobines de matières premières, une en marche et l'autre en attente. Une fois que la bobine en marche prend fin, la mise en route de l'autre bobine sera établie avec une continuité de production.

❖ **Changement des bobines**

- **Splicer**

C'est un élément qui assure le changement des bobines. Il est composé de deux parties symétriques, chacune comporte deux vérins pneumatiques et deux lames.

- **Description**

Quand la quantité de matière de la bobine en marche commence à prendre fin, l'opérateur doit tout d'abord préparer la bobine en attente. Suite à l'action de changement manuel ou automatique le film de la bobine finie sera coupé à l'aide d'une lame se trouvant dans le Splicer (coté bobine finie) et après un certain temps la mise en marche de la nouvelle bobine sera établie.

2. Phase de soudure et coupe

Après le recouvrement par le film individuel, la pièce subit simultanément la soudure et la coupe des extrémités de film à l'aide d'une lame et d'une anti-lame montés sur deux cylindres parallèles. Le

Mariem-Marwa

réglage de la température de soudure se fait grâce à un régulateur de température de type Omron.

3. Action de rejet produit

Cette action peut être établie suite à deux évènements:

✓ Changement de bobine de film individuel ;

✓ Rejet de la machine principale.

Le principe de rejet consiste à compter un nombre bien déterminé des pièces. Lorsque le compteur atteint la valeur souhaitée, le séparateur s'ouvre pour assurer le rejet des pièces mauvaises qui seront comptées par un deuxième compteur. Une fois que ce dernier compteur atteint le nombre désiré, le séparateur reprend sa position initiale et le système de pliage en 3 termine son cycle de production.

4. Gestion de la vitesse de dérouleur

> **Variateur de vitesse : Omron vs mini j7[4]**

Le système de pliage en 3 renferme deux variateurs de vitesse du type « Omron vs mini j7»,

Un pour la variation de la vitesse de dérouleur gauche (moteur asynchrone) et l'autre pour la variation de vitesse de dérouleur droit (moteur asynchrone).

L'intégration de ces deux variateurs dans le système de pliage en 3 a pour but de commander la variation de vitesse de deux dérouleurs. Les paramètres agissant sur cette variation sont :

✓ La valeur de potentiomètre (v) ;

✓ Le diamètre de la bobine (m) ;

✓ La vitesse de la machine principale (ml).

Le paramétrage de ce variateur consiste à agir sur les fonctions suivantes:

✓ L'accélération contrôlée ;

Mariem-Marwa

✓ La décélération contrôlée ;
✓ La variation et la régulation de vitesse ;
✓ Le freinage d'arrêt ;
✓ L'inversion du sens de marche.

➤ **Principe de gestion de vitesse**

Les éléments constitutifs de cycle de gestion de vitesse de deux dérouleurs sont présentés dans le schéma synoptique suivant :

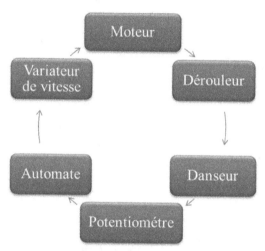

Figure 5:Eléments constitutifs de cycle de gestion de vitesse

La machine nécessite le déroulement de matière avec une vitesse bien appropriée afin de conserver le film dans un état convenable (ni trop serré, ni trop relâché).Cette tâche est réalisée à l'aide d'un système danseur et deux variateurs de vitesse (un pour chaque dérouleur). La position mécanique de danseur est mesurée à l'aide d'un potentiomètre. Ce dernier convertit cette position mécanique en une information électrique qui sera envoyée vers l'automate. A son tour, l'automate traite cette information et donne l'ordre adéquat aux variateurs de vitesse. L'organigramme suivant explique ce principe de régulation de vitesse

Mariem-Marwa

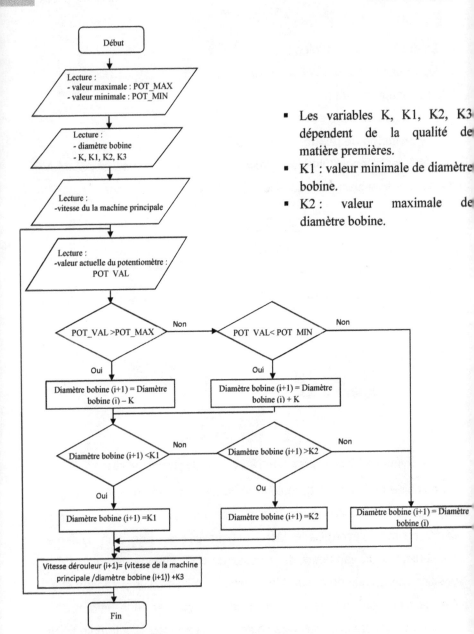

- Les variables K, K1, K2, K3 dépendent de la qualité de matière premières.
- K1 : valeur minimale de diamètre bobine.
- K2 : valeur maximale de diamètre bobine.

Figure 6:Organigramme de gestion de vite

Mariem-Marwa

IV. Cycle de fonctionnement

1. Pupitre de commande

Le pupitre de commande est composé d'un :

- Bouton poussoir préparation bobine gauche (BPPG) ;
- Bouton poussoir préparation bobine droite (BPPD) ;
- Bouton poussoir changement de bobine (BPCH) ;
- Bouton d'arrêt d'urgence (UR);
- Bouton marche (Start) ;
- Sélecteur soudure ;
- Sélecteur rejet.

2. Table des actions

Organe actionné	Actionneur	Pré actionneur	Action effectué	Utilité
	Distributeur d'air	EV principal d'air		Commande de la distribution d'air
Vérin de préparation	Vérin V1 Vérin V2	EVPD (droit) EVPG (gauche)	Sortie de la tige	Accrochage du film lors de la préparation
Vérin de coupe	Vérin V3 Vérin V4	EVCD (droit) EVCG (gauche)	Sortie de la tige	Coupe du film lors de changement
Dérouleurs	Moteurs	KM1 (droit) KM2 (gauche)	Rotation	Rotation de la bobine de matière première

Mariem-Marwa

		EVMD (droit) EVMG (gauche)	Sortie de la tige	Accrochage de la bobine dans le dérouleur
Vérin de soudure	Vérin V5	EVS	Sortie de la tige	Le mouvement de monté et de descente du bloc de soudure
Vérin de rejet	Vérin V6	EVR	Sortie de la tige	Ouverture du séparateur et l'inclinaison du tapis rejet

Tableau 1: Table d'actions

3. **Fonctionnement**

❖ **Conditions initiales**

➢ Machine principale (CCE) en marche ;

➢ L'une de deux bobine de matière « film individuel » est préparée ;

➢ Présence produit ouvert.

❖ **Démarrage**

➢ Une impulsion sur le bouton marche.

❖ **Fonctionnement normal**

➢ La mise en marche du système entraîne :

• La rotation de deux bras assurant le pliage des serviettes ;

• L'ouverture de l'électrovanne d'air principal ;

• La rotation du moteur de dérouleur associé à la bobine préparée (KM1 ou KM2).

➢ Le produit ainsi plié subit le recouvrement par le film individuel ;

Mariem-Marwa

➢ Le vérin V5, commandé par l'électrovanne EVS, permet la descente de l'unité soudure et coupe ;

➢ Quand le film de la bobine en marche commence à prendre fin, l'opérateur doit préparer l'autre bobine. En appuyant sur le bouton préparation (BPPG ou BPPD), les opérations suivantes seront établies :

- L'électrovanne mandrin (EVMD ou EVMG) s'ouvre pour fixer la bobine dans le dérouleur ;
- La tige de vérin (V1 ou V2), commandée par l'électrovanne préparation (EVPD ou EVPG), sort pour accrocher le film de la bobine en attente ;

➢ Lorsque la matière (film individuel) se trouvant dans la bobine en marche prend fin, l'opérateur doit effectuer le changement des bobines. En appuyant sur le bouton PBCH, les opérations suivantes seront établies :

- L'électrovanne coupe (EVCD ou EVCG) s'ouvre ;
- Le vérin (V3 ou V4) sort pour assurer la coupe du film de la bobine finie ;
- Marche avant du moteur associé à la nouvelle bobine (KM1 ou KM2) ;
- Marche arrière du moteur associé à la bobine finie (KM1ou KM2) pendant une seconde puis il s'arrête.

V. Problématique : Cahier des charges

Dans le cadre d'une collaboration entre la société « SANCELLA » et « l'École Nationale des Ingénieurs de Sousse » notre projet de fin d'études consiste à automatiser et superviser le système de pliage en 3 qui utilise l'ancienne technologie d'automate S5 .En effet, cette génération d'automate présente plusieurs inconvénients :

Mariem-Marwa

> ➤ L'indisponibilité des pièces de rechange ;
> ➤ L'impossibilité d'extension et d'amélioration de la machine ;
> ➤ L'inflexibilité de la production.

Dans le souci de trouver une solution adéquate pour résoudre les différents problèmes du système de pliage en 3, nous allons travailler sur les fonctionnalités suivantes :

> ➤ Réaliser un programme S7 de bloc qui sera chargé vers un automate CPU 315-2DP liée en Profibus avec une périphérie décentralisé ET200B ;
> ➤ Elaborer une supervision ;
> ➤ Définir un nouveau schéma électrique de connexion ;

VI. Conclusion

Dans ce chapitre, nous avons donné une description fonctionnelle du système de pliage en3 en précisant les nouvelles contraintes. Ainsi un nouveau cahier des charges fonctionnel a été établi. L'objectif du chapitre suivant est de traduire ce cahier en une solution d'automatisation à base d'un API S7-300.

Mariem-Marwa

Chapitre II :
Automatisation du système de Pliage en 3

I. Introduction

L'objectif de ce chapitre est de présenter notre approche d'automatisation à base d'automate programmable industriel de système de pliage en 3. On débute par donner un rappel sur les systèmes automatisés de production .Ensuite, on présente les différents Grafcets permettant la description fonctionnelle de l'automatisme. Enfin, on développe la configuration matérielle ainsi que la configuration logicielle, requises pour ce dernier moyennant le logiciel SIMATIC-Manager.

II. Structure d'un système automatisé

Un système automatisé peut être décomposé en trois grandes parties (figure 7) :

> **Une partie opérative(PO) :** assurant la conversion de puissance et de l'action sur la matière d'œuvre.

> **Une partie commande(PC) :** assurant la mesure en continu sur le processus, le traitement des donnés par comparaison aux consignes et le pilotage de la partie opérative.

> **Une interface homme machine (IHM) :** permettant de définir les consignes et de surveiller l'évolution.

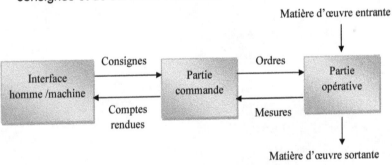

Figure 7:Structure d'un système automatisé

Mariem-Marwa

L'automatisation du système de pliage en 3 est divisée en deux grandes phases :

- Une phase de modélisation durant laquelle il faut décrier le fonctionnement du système en utilisant les deux outils GEMMA et Grafcet ;
- Une phase de programmation de l'Automate Programmable Industriel.

III. Modélisation de système de pliage en 3

1. GEMMA du système de pliage en 3

Les boucles fonctionnelles de notre système sont :

➤ Boucle de marche manuelle ;
➤ Boucle de production normale ;
➤ Boucle de sécurité ;
➤ Boucle de production précédée d'une préparation ;

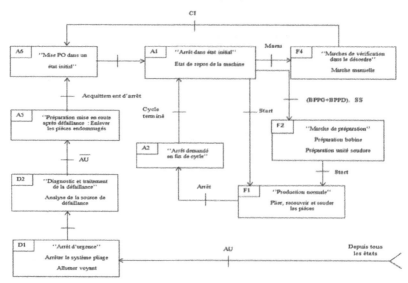

Figure 8:GEMMA du système pliage en 3

Mariem-Marwa

2. Elaboration des Grafcets [2]

2.1 Grafcet de conduite

Ce grafcet décrit l'ensemble des procédures de marches (auto /Manu) et des arrêts normaux.

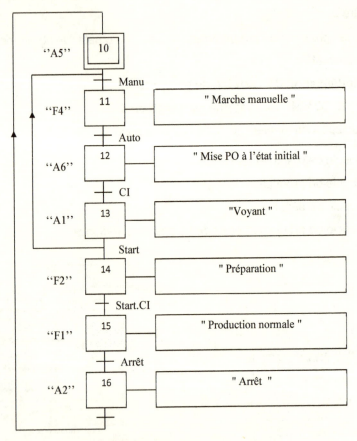

Figure 9:Grafcet de conduite

2.2 Grafcet de sécurité

Ce **Grafcet** est indispensable dans l'automatisation d'un système. Il définit le traitement après un arrêt provoqué par un défaut ou un arrêt d'urgence.

Mariem-Marwa

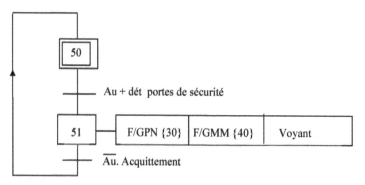

Figure 10:GRAFCET de sécurité

2.3 GRAFCET de production normale

Ce **GRAFCET** décrit le fonctionnement automatique du système .IL se divise en quatre tâches:

- *Tâche 1 : « Fonctionnement de la bobine gauche »*

Cette tâche assure la mise en marche de la bobine gauche quand la bobine droite prend fin.

Elle fait appel à deux autres tâches, une consiste à la préparation de l'autre bobine (cas de changement) et l'autre pour la régulation de la vitesse de deux dérouleurs (gauche ou droit).

- *Tâche 2 : « Fonctionnement de la bobine droite »*

Cette tâche a le même principe que la tâche précédente. Elle est effectuée en cas de changement de la bobine gauche.

- *Tâche «3 : « Soudure-coupe et rejet »*

Cette tâche est consacrée pour la soudure et coupe ainsi que le mode rejet.

Mariem-Marwa

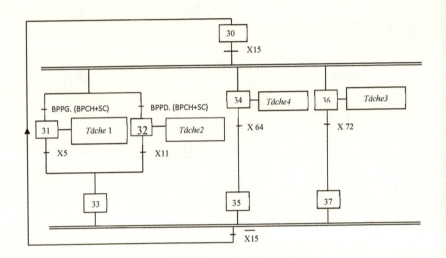

Figure 11:GRAFCET de production normale

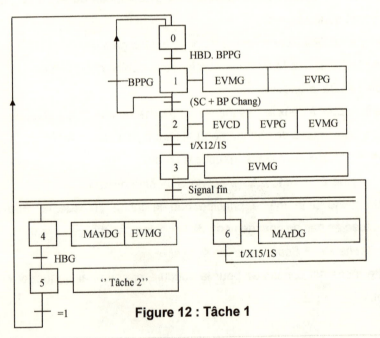

Figure 12 : Tâche 1

Mariem-Marwa

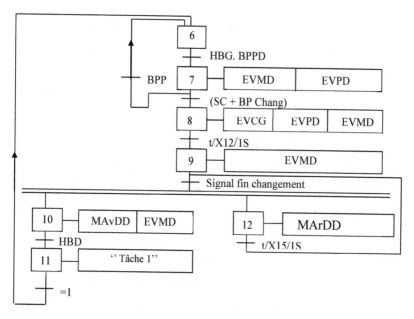

Figure 13 : Tâche 2

2.4 GRAFCET manuel

Ce GRAFCET (Figure 19) décrit les procédures d'intervention de l'opérateur.

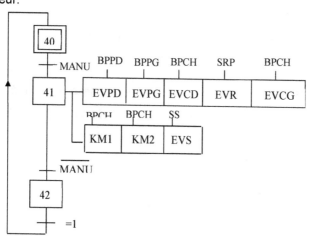

Figure 14 : GRAFCET manuel

Mariem-Marwa

3. Approche de matérialisation des Grafcets

Après la phase de modélisation, il est nécessaire de matérialiser les Grafcets obtenus en adoptant une approche appropriée. La méthode adoptée repose sur l'utilisation des bascules RS. Cette méthode est basée sur certaines règles dont principalement :

- Une bascule RS par étape ;
- La condition d'activation d'une étape est câblée sur le « SET » de la bascule ;
- La condition de désactivation est câblée sur le « RESET » de la bascule.

IV. Automatisation à base d'un API S7-300

1. L'environnement du travail (SIMATIC Manager)

Afin de passer à la réalisation de notre projet, on a utilisé SIMATIC Manager comme environnement du travail.

En effet, ce logiciel associe toutes les fonctions indispensables pour configurer, programmer, tester, mettre en service et maintenir les systèmes d'automatisation.

2. Programmation de système de pliage en 3

2.1 Configuration matérielle

La configuration matérielle est une étape essentielle dans la réalisation d'un projet. À ce stade, nous devons tout d'abord choisir le matériel avec lequel nous allons travailler tels que la CPU, les modules d'entrées/ sorties et la périphérie décentralisée.

Notre système contient 20 entrées numériques, deux entrées analogiques, 13 sorties numériques et deux sorties analogiques.

Mariem-Marwa

2.1.1 API Siemens S7-300 CPU 315-2 DP

Tout le long de notre stage nous avons travaillé avec l'automate S7 de type 314-2DP pour tester le fonctionnement de notre programme comme il est le seul disponible sur la maquette d'essai. Ensuite nous avons respecté le type d'automate « CPU315-2DP » imposé dans le cahier de charge.

La configuration matérielle de notre projet est présentée comme suit :

- ✓ PS 307 10A : Alimentation externe 120/230 V c.a.:24 V c.c. /10 A ;
- ✓ CPU 315-2DP de référence « 6ES7 315-2AH14-0AB0 » ; mémoire de travail 256 Ko ; 0,05ms/kinst; port MPI+ DP avec une configuration multi-rangée jusqu'à 32 modules ;
- ✓ 1 module de sorties numériques : « DO16xDC24V/0.5A» ;
- ✓ 1 module d'entrées analogiques : « AI8x12Bit » ;
- ✓ 1 module de sorties analogiques : « AO2x12Bit » ;

La figure 18 décrit avec plus des détails cette configuration.

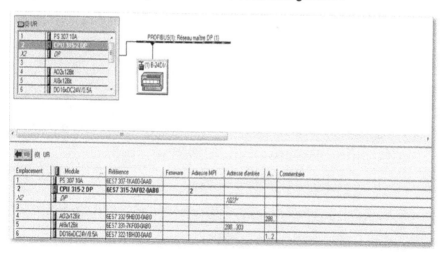

Figure 15:Configuration matérielle

Mariem-Marwa

On a attribué les entrées /sorties analogiques de la manière suivante:

➢ **Les entrées**

✓ PEW 288 pour la vitesse de la machine principale ;

✓ PEW 290 pour la valeur actuelle du potentiomètre.

➢ **Les sorties**

✓ PAW 304 pour la vitesse mesurée du dérouleur gauche ;

✓ PAW 306 pour la vitesse mesurée du dérouleur droit.

Le reste des sorties ainsi que toutes les entrées numériques sont câblés à l'ET200B.

2.1.2 ET200B

La station ET200B appartient à la famille de périphérie décentralisée ET200.Elle renferme des modules numériques et des modules analogiques [6].

.Dans notre cas l'automate CPU 315-2DP va jouer le rôle du maître, et la station ET200B va jouer le rôle d'esclave et elle va être installé dans l'armoire.

Vu que l'ET200B renferme 24 entrées numériques et 8 sorties numériques, les entrées/sorties

Analogiques sont câblés dans l'automate et les sorties numériques seront divisés entre l'automate et l'ET200B.

Les sorties câblés dans l'automate sont :

✓ Marche arrière dérouleur droite ;

✓ Marche arrière dérouleur gauche ;

✓ Marche avant dérouleur droite ;

✓ Marche avant dérouleur gauche ;

Mariem-Marwa

✓ Rejet ;

✓ Soudure.

Le reste des sorties ainsi que toutes les entrées numériques sont câblés à l'ET200B.

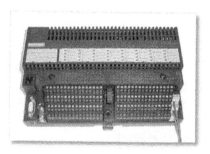

Figure 16:ET200B

2.1.3 Profibus

PROFIBUS est un réseau de terrain ouvert assurant la communication avec les périphéries décentralisés en réduisant le coût de câblage pour l'installation. Pour assurer l'échange rapide des données entre l'automate et les appareils de terrain, le protocole de communication PROFIBUS–DP est le plus répandue, il fait la distinction entre les appareils maîtres et les appareils esclaves, sa technologie de transmission est le RS 485.

Dans notre cas le réseau PROFIBUS assure la communication entre l'API et la périphérie décentralisée ET200B (figure17).

Mariem-Marwa

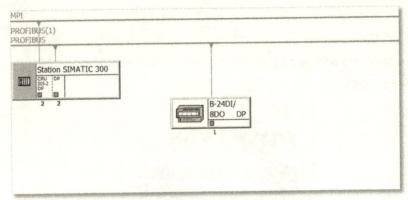

Figure 17:Communication via le réseau profibus

2.2 Liste des Entrées/Sorties : Mnémonique

Avant d'utiliser les différents entrées/ sorties dans notre programme, on a créé une table de mnémonique dans laquelle on a défini pour chaque opérande symbolique, un mnémonique, une adresse absolue, un type de donné ainsi qu'un commentaire. Les mnémoniques ainsi définis sont utilisables dans tout le programme.

La figure suivante présente un extrait de table de mnémonique :

Mnémonique	Opérande		Type de d	Commentaire
Coupe gauche	M	0.1	BOOL	Coupe gauche
CPDP	E	1.2	BOOL	Cellule présence double produit
DDMar	M	0.7	BOOL	Dérouleur droite en marche arrière
DDMav	M	1.1	BOOL	Dérouleur droite en marche avant
DGMar	M	1.0	BOOL	Dérouleur gauche en marche arriére
DGMav	M	1.2	BOOL	Dérouleur gauche en marche avant
Données de vitesse	DB	1	DB 1	
Données des alar...	DB	10	DB 10	
EVCD	A	4.5	BOOL	electrovanne coupe droite
EVCG	A	4.4	BOOL	electrovanne coupe gauche
EVMD	A	4.0	BOOL	electrovanne mandrin droite
EVMG	A	4.1	BOOL	electrovanne mandrin gauche
EVPA	A	1.7	BOOL	Electrovane principale d'air
EVPD	A	4.2	BOOL	electrovanne préparation droite
EVPG	A	4.3	BOOL	electrovanne préparation gauche
EVRP	A	1.2	BOOL	Electrovane du rejet produit

Figure 18:Extrait de table de mnémonique

2.3 Configuration logicielle

Mariem-Marwa

En utilisant les blocs mis à notre disposition par SIMATIC Manager, on a traduit les Grafcets établis en langage Ladder.

Le programme de notre système est réparti en un ensemble des blocs détaillé ci-dessous.

2.3.1 Les blocs d'organisation OB

➤ OB1 : Bloc d'organisation pour le traitement de programme cyclique, les figures suivantes illustrent toutes les fonctions appelées par OB1.

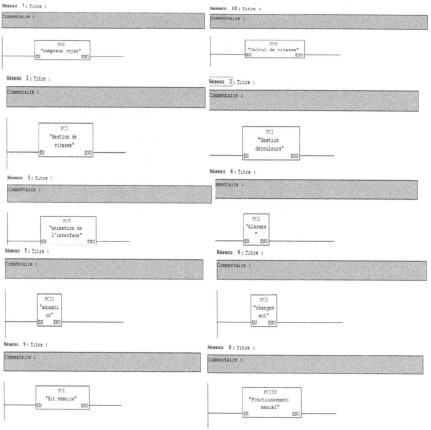

Figure 19: Les fonctions appelés par OB1

Mariem-Marwa

2.3.2 Les fonctions FC

✓ FC1 : pour la gestion de sens de rotation de deux dérouleurs

✓ FC2 : pour la gestion des alarmes ;

✓ FC3 : pour la tâche de changement de deux bobines ;

✓ FC4 : pour le calcul de vitesse de deux dérouleurs ;

✓ FC5 : pour la gestion de vitesse de deux dérouleurs ;

✓ FC6 : pour les bits mémoires utilisés pour le programme ;

✓ FC8: pour le rejet des pièces défectueuses;

✓ FC9 : pour l'animation de l'interface

✓ FC10 : pour l'animation de l'interface

✓ FC100 : pour le fonctionnement manuel ;

✓ FC105 : La fonction mise à l'échelle (SCALE) prend une valeur entière (IN) et la convertit en une valeur réelle exprimée en unités physiques [3], elle appelé deux fois par la fonction FC4 et FC5. On a utilisé cette fonction pour la mise à l'échelle de l'entrée analogique « valeur mesuré de potentiomètre » d'adresse PEW288 et la convertir en une entrée réelle d'adresse "DB1.DBD0" utilisé dans la suite de notre programme.

Mariem-Marwa

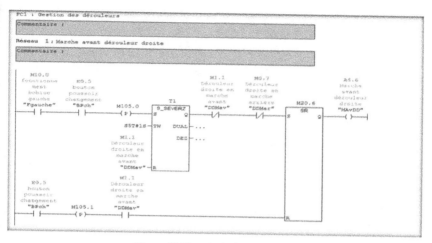

Figure 20:Extrait de fonction FC1

2.3.3 Les blocs de donnés DB

Pour le système de pliage en3 on a utilisé les blocs de données globaux suivants :

✓ DB1 : pour le stockage des données de deux dérouleurs ;

✓ DB10 : consacré aux variables des alarmes.

La figure suivante illustre les différentes données utilisées dans le bloc DB1.

Adresse	Nom	Type	Valeur initiale	Commentaire
0.0		STRUCT		
+0.0	POT_VAL	REAL	0.000000e+000	valeur actuelle de potentiomètre
+4.0	POT_MAX	REAL	5.500000e+000	Position d'equilibre maximale
+8.0	POT_MIN	REAL	4.500000e+000	Position d'equilibre minimale
+12.0	Diametre_mesure	REAL	0.000000e+000	Diametre actuelle
+16.0	Diametre_new	INT	1000	Nouveau diamètre
+18.0	Vitesse_Machine	REAL	0.000000e+000	Vitesse mesurée de la machine principale
+22.0	Vitesse_Drouleur	REAL	0.000000e+000	Vitesse mesurée de dérouleur
=26.0		END_STRUCT		

Figure 21:Extrait de fonction DB1

Mariem-Marwa

V. Validation de programme avec « S7-PLCSIM »

Après avoir terminé la partie programmation et avant le chargement du programme dans l'automate nous devons tout d'abord tester notre programmes en utilisant l'outil de simulation S7-PLCSIM .Il nous fournit une interface utilisateur graphique permettant de visualiser, modifier et forcer les différents paramètres utilisés par le programme (comme, par exemple, d'activer ou de désactiver des entrées).

Pour effectuer le test du programme développé, nous avons suivi les étapes suivantes :

- Ouvrir l'interface de simulateur PLCSIM ;
- Charger le programme ;
- Insérer les entrées, les sorties, les mémentos utilisées dans notre programme ;
- Mettre la simulation en marche en cliquant sur le mode « RUN » ou « RUP-Program » ;
- Visualiser notre programme.

La figure suivante montre un exemple de simulation.

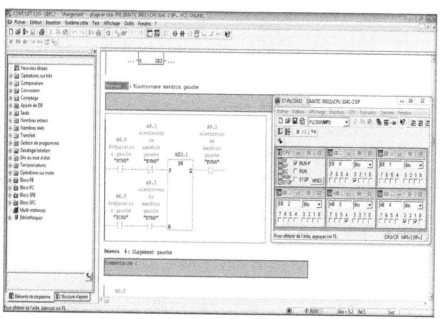

Figure 22:Extrait de simulation de la fonction préparation gauche

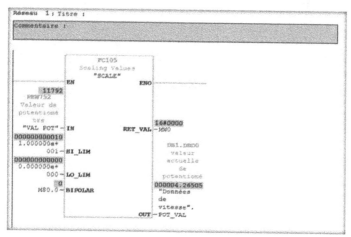

Figure 23:Normalisation de la valeur de potentiomètre

Mariem-Marwa

VI. Schéma électrique

Après l'étape d'automatisation de notre système, on a réalisé des nouveaux schémas électriques vus les changements qui les ont atteints lors de la migration. Pour établir cette étape, on a utilisé le logiciel « Win Relais » version 1.2 qui est un logiciel de saisie de schéma électrique. Il est très riche et innovant avec sec logiciels inclus tels que «Win Symbole », «Visu Symbole» et «Win Relais Base » qui permettent de créer des nouveaux symboles, les visualiser et de gérer une base de données. Par cette façon, on a préparé nos schémas électriques qui seront présentés dans l'annexe.

VII. Conclusion

Dans ce chapitre nous avons décrit notre solution adoptée pour le système de pliage en 3. Dans un premier temps, nous avons présenté les outils de modélisation GRAFCET et GEMMA. Ensuite, l'accent a été mis sur la configuration matérielle et la réalisation du programme sous «SIMATIC Manager». Puis nous avons testé le fonctionnement de notre programme en utilisant le simulateur PLCSIM et en configurant l'automate CPU314-2DP. Enfin nous avons mis en œuvre un nouveau schéma électrique.

Mariem-Marwa

Chapitre 3 :
Supervision du système de pliage en 3

I. Introduction

La supervision occupe aujourd'hui une place très importante dans le domaine industriel. En effet, elle permet de suivre, contrôler et de commander en temps réels le déroulement d'un processus. L'objet de ce chapitre consiste à réaliser une interface de supervision de système de pliage en 3.

II. Présentation de l'environnement de travail [7]

SIMATIC WINCC flexible est un logiciel de supervision innovant qui offre des fonctionnalités performantes pour la supervision et la conduite des systèmes automatisés. En effet il met à notre disposition :

> ➤ Une bibliothèque très développée contenant des objets préconfigurés ;
> ➤ Des éditeurs permettant l'accès aux propriétés d'un projet et le paramétrage du control panel ;
> ➤ Des vues préconfigurées tels que la vue des alarmes et la vue de la recette ;
> ➤ Des fonctions système (inverser bit, activer vue...) ;
> ➤ Un éditeur qui permet la liaison entre le pupitre et l'automate.

III. Développement de l'interface de supervision

1. Configuration matérielle

1.1 Control Panel MP270 10 Key

L'interface de supervision constitue le lien entre l'opérateur et le processus de fonctionnement du système de pliage en 3, en effet elle permet de contrôler, de commander plusieurs paramètres et d'afficher les alarmes en cas de défaillance. A cet égard nous avons utilisé le control panel MP 270 10 Key pour la supervision de notre système.

Mariem-Marwa

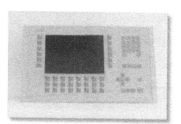

Figure 24:Control panel

Le MP 270 nous permet de [5] :

➤ piloter et surveiller le processus, nous pouvons entrer des valeurs de consigne ou commander des actionneurs en saisissant des valeurs ou en actionnant les touches de fonction configurées;

➤ Visualiser des processus, machines et installations, grâce à des images graphiques et dynamisées;

➤ Visualiser et éditer des messages ainsi que visualiser des variables processus par exemple des histogrammes et des courbes ;

➤ Intervenir directement dans le déroulement du processus, au moyen du clavier intégré.

1.2   Intégration du projet

Après avoir créé notre interface et avant de commencer la configuration de la liaison entre l'API et le control panel nous devons tout d'abord intégrer notre projet WINCC flexible dans SIMATIC Manager pour pouvoir accéder aux différentes variables utilisées dans notre programme (figure25).Nous devons configurer la liaison entre l'automate et le pupitre opérateur puisqu'elle est une étape indispensable pour l'échange de données entre les deux, en effet cette communication peut

Mariem-Marwa

être établie via le réseau MPI, PROFIBUS ou Ethernet. Nous avons opté dans notre projet l'interface MPI pour faire la communication entre l'API et le control panel, et le réseau PROFIBUS-DP pour la communication entre l'API et la périphérie décentralisée ET200B,

le NetPro de SIMATIC Manager décrit cette liaison comme illustre la

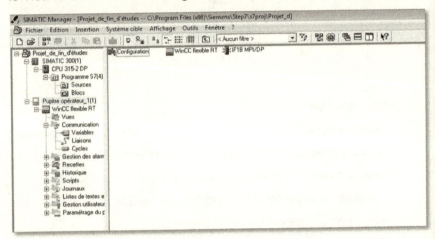

figure25.

Figure 25:Intégration du projet dans step7

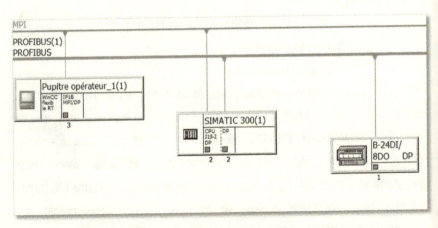

Figure 26:Communication automate Pupitre

Mariem-Marwa

Le paramétrage de la liaison automate pupitre est une étape importante pour la visualisation des données de l'automate, l'éditeur "liaison" de Wincc flexible décrit cette configuration comme illustre la figure27.

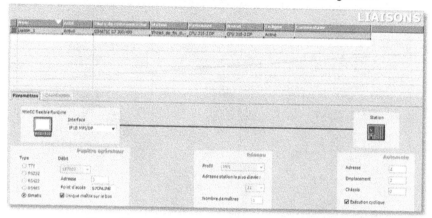

Figure 27:configuration de la liaison automate Pupitre

2. Elaboration des différentes vues

Dans des conditions de travail sévères les opérateurs ont besoin de maximum de transparence, de ce fait l'interface utilisateur créé va réaliser certaines fonctionnalités [8] pour :

> ➤ Le suivi en temps réel du processus ;
> ➤ L'affichage des alarmes en cas d'un défaut ;
> ➤ La gestion des utilisateurs et leurs droits d'accès ;
> ➤ La télégestion en envoyant des e-mails en cas d'une anomalie ;
> ➤ L'archivage des alarmes.

Pour suivre en temps réel le fonctionnement normal et les défauts de système de pliage en 3 nous avons présenté une interface de supervision qui décrit plusieurs vues :

2.1 Vue d'accueil

Mariem-Marwa

Cette vue comporte le titre de projet et permet l'accès au vue menu principale.

Figure 28:Vue accueil

2.2   Vue menu principal

Cette vue est accessible à partir de toutes les autres vues,elle renferme des boutons permettant la navigation entre les différentes vues développées et des champs d'E/S pour l'affichage de la date et le nom d'utilisateur

Mariem-Marwa

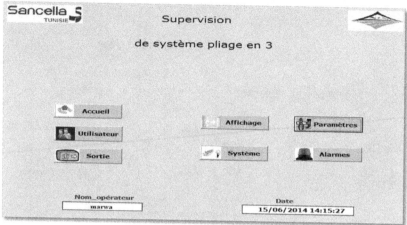

Figure 29:Vue menu principal

2.3 Vue système

L'objectif de cette partie est de décrire le procédé de fonctionnement du système de pliage en trois, de ce fait nous avons développé un vue permettant à l'opérateur de suivre le système.

A partir de cette interface l'opérateur peut commander la mise en service des équipements en choisissant entre les différentes fonctionnalités suivantes :

> ➢ La mise en marche de pliage en 3 ;
> ➢ La préparation des bobines ;
> ➢ La soudure et la coupe ;
> ➢ Le rejet des pièces défectueuses ;
> ➢ Le changement des bobines ;
> ➢ Boutons pour accéder aux deux vues : menu principal et alarmes ;
> ➢ L'arrêt.

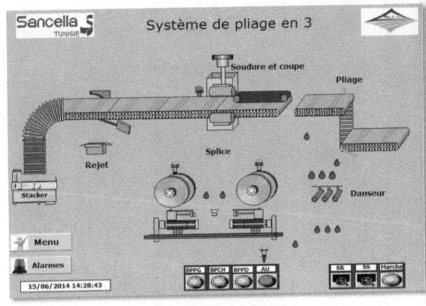

Figure 30:Vue système

2.4 Vue utilisateur

Dont le but d'organiser les droits d'accès sur la ligne CCE , nous avons défini la gestion d'utilisateurs en créant des groupes et des utilisateurs avec un nom d'utilisateur et un mot de passe permettant aux

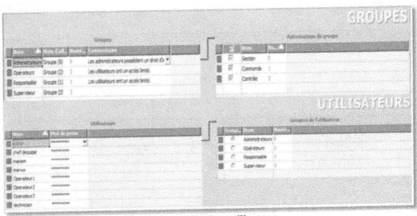

Figure 31:Gestion utilisateurs

Mariem-Marwa

personnes ayant le droit d'accès de suivre, de contrôler et de modifier les paramètres (figure 31) .

La figure 32 présente la vue d'utilisateurs qui renferme une liste des intervenants qui se présente comme suit :

✓ Les administrateurs ;

✓ Le chef d'équipe ;

✓ Les opérateurs ;

✓ Les superviseurs.

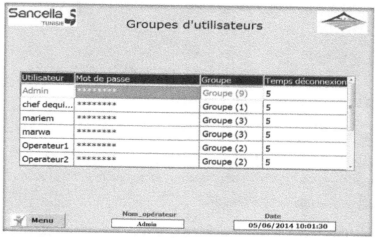

Figure 32:Journal utilisateur

2.5   Vue des consignes

Grâce à la vue « Consignes » l'opérateur a la possibilité de prédéfinir, de visualiser et de contrôler les paramètres de système (Figure 33) qui sont :

➤ La position d'équilibre maximale du potentiomètre.

➤ La position d'équilibre minimale du potentiomètre.

➤ Le diamètre d'une nouvelle bobine.

> La vitesse de la machine principale.

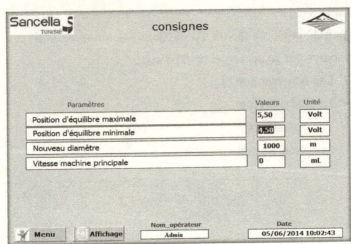

Figure 33:Vue des consignes

2.6   Vue affichage des variables

La machine CCE nécessite une continuité de vitesse, car toute déviation peut influer sur la qualité de produit. De ce fait nous avons réalisé une vue « affichage » (figure34) pour le suivi en temps réel de processus de régulation de vitesse en utilisant :

> Des baragraphes permettant la visualisation et le contrôle de la variation des entrées /sorties analogiques utilisées (valeur de potentiomètre, vitesse mesurée de dérouleur) ;
> Des champs d'E/S pour l'affichage de diamètre de la nouvelle bobine ainsi que le diamètre mesurée lors de la phase de régulation.
> Un champ d'entrée/sortie pour l'affichage du nom d'utilisateur.
> Des boutons pour la navigation entre les différentes vues élaborées.

Mariem-Marwa

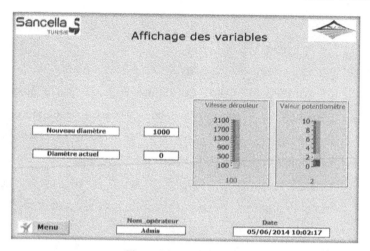

Figure 34:Vue d'affichage

2.7   Vue alarmes

Afin de contrôler l'état de fonctionnement du système de pliage en 3, la gestion des messages des défaillances est une phase très importante. En effet, lorsqu'ils surviennent des états critiques dans le système, une alarme apparaisse immédiatement indiquant la nature de défaut. De ce fait nous avons défini les alarmes TOR (figure35).

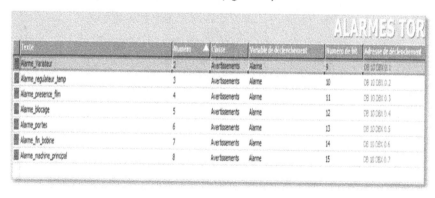

Figure 35:Alarme TOR

Mariem-Marwa

Pour l'affichage des défauts nous avons créé la vue alarme qui permet :

✓ Le contrôle de l'état des différents composants électriques (disjoncteurs, variateurs de vitesse, régulateurs de température) ;

✓ Le contrôle de déroulement de film individuel ;

✓ L'avertissement de l'opérateur avant la fin de bobine en marche pour qu'il puisse préparer la bobine en attente ;

✓ Contrôler l'état de la porte de sécurité ;

✓ Suivre la qualité de produit.

Cette vue renferme un bouton « reset » pour l'acquittement des alarmes et un boutons archivage pour la journalisation des messages des défauts (figure 36).

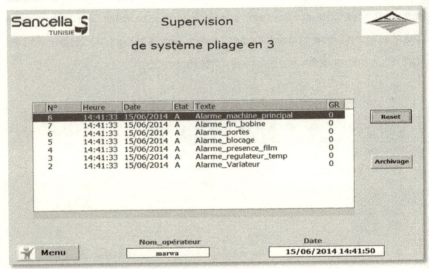

Figure 36:Vue alarme

2.8 Archivage des alarmes

Mariem-Marwa

Le logiciel de supervision Wincc flexible offre la possibilité d'archiver les alarmes système, les messages des avertissements ainsi que les messages des erreurs. Il permet aux responsables de maintenance de faire le diagnostic à fin d'assurer la disponibilité du système de pliage en 3.

Nous représentons dans la figure 37 un exemple de journal des alarmes.

N°	Heure	État	Date	GR	Automate
8	13:06:00	A	05/06/2014	0	Liaison_1
	Alarme_machine_principal				
7	13:06:00	A	05/06/2014	0	Liaison_1
	Alarme_fin_bobine				
6	13:06:00	A	05/06/2014	0	Liaison_1
	Alarme_portes				
5	13:06:00	A	05/06/2014	0	Liaison_1
	Alarme_blocage				
4	13:06:00	A	05/06/2014	0	Liaison_1
	Alarme_presence_film				
3	13:06:00	A	05/06/2014	0	Liaison_1
	Alarme_regulateur_temp				
2	13:06:00	A	05/06/2014	0	Liaison_1
	Alarme_Variateur				
1	13:06:00	A	05/06/2014	0	Liaison_1
	Alarme_disjoncteur phaseur				

Figure 37:Journal d'alarme

IV. Validation de superviseur

Une fois que nous avons terminé le développement de notre interface, nous passons à l'étape de mise en œuvre de notre travail (programme et interface graphique).

1. Matériel utilisé :

Afin de tester notre travail, nous avons travaillé sur une maquette d'essai et de formation (figure38). Cette maquette est composée de différents composants tels que :

Mariem-Marwa

- ➤ Des moteurs électriques ;
- ➤ Des automates programmables industriels de gamme S5 et S7 et LOGO;
- ➤ Une périphérie décentralisée ET200B ;
- ➤ Des variateurs de vitesses de type KEB ;
- ➤ Des disjoncteurs, des sectionneurs et des contacteurs ;
- ➤ Des fusibles et des relais thermiques ;
- ➤ Un control panel MP270 10key

Figure 38:stand d'essai

Pendant cette phase nous avons travaillé avec les différents matériels suivants :

- ✓ Un adaptateur CP 5711 ;
- ✓ Un automate CPU 314C-2DP ;
- ✓ Un control Pannel 270 MP 10 key ;

Mariem-Marwa

✓ Une périphérie décentralisée ET200B ;

✓ Un Câble MPI ;

✓ Réseau Profibus.

La communication entre les différents matériels utilisés (figure 39) est décrite comme suit :

✓ L'ET200B est liée à l'automate via le réseau profibus ;

✓ Le programme est chargé dans l'automate CPU 314C-2DP qui est liée au PC via le réseau MPI.

✓ La communication entre le pannel 270 Key et l'automate est assuré via le réseau MPI.

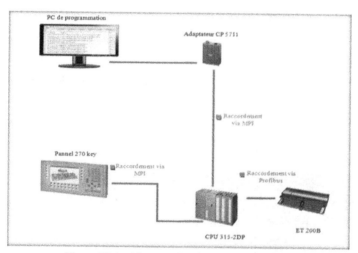

Figure 39:Architecture du réseau de supervision

Nous avons raccordé les entrées/ sorties de la façon suivante :

✓ Toutes les entrées sont raccordées à l'ET200B ;

✓ Les entrées/sorties analogiques sont raccordées au CPU 314-2DP ;

✓ Quelques sorties sont raccordées à l'automate et le reste sont raccordées à l'ET200B.

Mariem-Marwa

Avant de lancer la simulation du programme nous devons tout d'abord paramétrer l'interface PG/PC et vérifier la connexion de toutes les stations utilisées. Ensuite nous devons bien choisir la vitesse convenable pour le transfert des données. (Figure 40)

Figure 40:Interface PG/PC

2. Simulation :

En transférant le programme vers le control panel, la vue d'accueil de notre d'interface de supervision s'affiche (figure41). La saisie d'un nom d'utilisateur et d'un mot de passe permet l'accès aux autres vues.

Figure 41:Validation de l'interface

Mariem-Marwa

Afin de s'assurer de bon fonctionnement de l'interface développée nous avons commandé, visualisé l'état du système, archivé les alarmes et contrôlé la vitesse des dérouleurs. De cette façon nous avons validé notre programme élaboré ainsi que l'interface de supervision.

V. Conclusion

Dans ce chapitre, nous avons présenté le développement de l'interface Homme-Machine dédiée pour la supervision du système de pliage en 3. Cette interface, conçue autour d'un control Pannel MP270 10 key et propose plus vues graphiques d'exploitation. Elle a était développée moyennant le logiciel WinCC flexible et testée avec succès sur le stand d'automatisme disponible.

Conclusion générale

L'objectif de ce travail, réalisé au sein de la société SANCELLA, était la conception et la mise en œuvre d'une solution permettant l'automatisation et la supervision du système de pliage en 3.

Afin d'accomplir cette tâche, nous avons entamé une analyse fonctionnelle de ce système. Suite à laquelle, une modélisation fonctionnelle en utilisant l'outil Grafcet a était élaborée.

Pour la mise en œuvre de l'automatisme, une architecture matérielle basée sur un API de type Siemens CPU 315-2DP, auquel est liée via un Profibus une périphérie ET200, a été retenue.

La programmation de l'API est élaborée en langage LADDER et en utilisant le logiciel « SIMATIC Manager », alors que le nouveau schéma de câblage est élaboré via le logiciel « WinRelais ».

Enfin nous avons développé une Interface Homme-Machine pour la supervision du système de pliage en 3 en utilisant le logiciel « WinCC flexible 2008 ». Cette interface, conçue autour de control Pannel MP270 10 key, a permet une meilleure gestion de système. La totalité des programmes développés ont était validés moyennant un stand d'essai disponible dans le laboratoire d'automatisme de la société d'accueil.

Mariem-Marwa

Bibliographie

[1] Document interne de l'entreprise

[2] ZAIDI, N. E. (2011-2012), Cours automatisme

[3] AROUI, Tarek (2013-2014), Cours Normalisation des valeurs analogiques

[4] Manuel d'utilisation VS mini J7 homron (Cat. No. I63E-FR-01).

[5]Simatic Multi Panel MP270 - Service & Support - Siemens.

Mariem-Marwa